Comprendre les chevaux pour les débutants - Apprendre le langage des chevaux en toute simplicité

Comment lire habilement le langage corporel des chevaux et créer un lien étroit avec votre cheval

Fabienne Clemens

CONTENU

Ce qui vous attend dans ce livre

Avez-vous souvent éprouvé de l'admiration pour des "professionnels du cheval" comme Bernd Hackl, connu sur VOX, et aimeriez-vous vous-même chuchoter avec les chevaux ? Ou bien vous êtes confronté à des problèmes quotidiens avec votre cheval que vous souhaitez définitivement voir appartenir au passé ? Alors ce guide est pour vous le premier pas dans cette direction.

Que vous soyez un passionné de chevaux ou un nouveau venu dans le monde équestre, vous recevrez des informations de base sur l'origine du cheval. Vous apprendrez notamment comment il s'est développé au cours de l'évolution et pourquoi. Vous découvrirez également comment l'homme et le cheval se sont rencontrés et comment leur relation a évolué au fil du temps.

Ces connaissances théoriques vous permettront de mieux comprendre la personnalité de votre ami à quatre pattes, ou du moins d'en comprendre les fondements, avant de vous initier à la communication équine. Pour pouvoir communiquer avec les chevaux à l'avenir, vous apprendrez ce que sont les célèbres citations de Rudolph G. Binding et comment vous pouvez les assimiler. Cette clé vous permettra d'appliquer avec succès les conseils qui suivent dans vos relations quotidiennes avec les chevaux.

Portrait de l'animal de fuite qu'est le cheval

POURQUOI LES CHEVAUX S'ENFUIENT-ILS ?

Tous ceux qui ont déjà eu affaire à des chevaux ont déjà entendu dire qu'il s'agissait d'animaux de fuite. Mais peu de gens savent ce que cela signifie en détail. Mais avant de pouvoir vous compter parmi ceux qui possèdent ce savoir, nous allons faire un pas en arrière dans le passé du cheval. Nous allons voir comment le cheval est devenu ce qu'il est aujourd'hui et pourquoi il a évolué en conséquence.

L'origine du cheval remonte à environ 55 millions d'années et avait à peu près la forme d'une antilope de la taille d'un chat. Il avait donc une hauteur d'épaule d'environ 25 à 50 centimètres, un dos bombé, un cou et des pattes courts ainsi qu'un museau court et une longue queue. Une autre différence majeure par rapport au cheval actuel était ses doigts, quatre à l'avant et trois à l'arrière, qui formaient plutôt des pattes que des sabots.

Le cheval primitif, Eohippus ou Hyracotherium, dont l'origine se situe en Amérique du Nord, vivait dans les forêts où il se nourrissait de feuilles et de baies. Traduit, Eohippus signifie cheval de l'aurore ou cheval de l'éocène, du nom de l'époque à laquelle il vivait. Outre le premier ancêtre du cheval, il est également considéré comme l'ancêtre de plusieurs autres mammifères, dont beaucoup ont déjà disparu. Les spécimens connus encore en vie sont par exemple le tapir ou le rhinocéros.

A un moment donné, les descendants d'Eohippus ne se déplaçaient plus que sur la pointe des pieds, qui s'étaient déformés pour ressembler à des sabots. Les orteils extérieurs du cheval primitif ont progressivement régressé au cours de son évolution, donnant naissance au sabot unique que nous connaissons. Les animaux sont donc devenus plus stables et surtout plus résistants. Les jambes et le corps se sont également allongés, la cage thoracique s'est agrandie, ce qui a permis aux chevaux de se déplacer de plus en plus rapidement. Les animaux pouvaient désormais atteindre une taille considérable d'environ 1,65 mètre. Les yeux se sont déplacés sur les côtés de la tête pour offrir un champ de vision plus large. Le cerveau avait également gagné en taille et la dentition ainsi que le système digestif étaient adaptés à la transformation de l'herbe, dont le cheval devait désormais obligatoirement se nourrir, car l'environnement dans lequel il vivait avait énormément changé. Au lieu des forêts qui pouvaient les abriter avec leur feuillage, les animaux habitaient désormais de vastes prairies où ils étaient plus ou moins à la merci des carnivores. Les étapes du développement qui ont conduit à leur changement d'apparence étaient donc nécessaires à leur survie.

Au cours des cinq périodes pendant lesquelles le cheval s'est progressivement transformé jusqu'à devenir Equus, il y a eu plusieurs scissions, c'est-à-dire l'apparition et la coexistence de différentes espèces, dont le cheval actuel est la seule restante. Son évolution n'a donc pas été linéaire, notamment parce qu'il a commencé à migrer d'Amérique du Nord vers l'Europe et l'Asie en passant par le détroit de Béring. Deux continents qui, à l'époque, n'étaient pas encore séparés par l'Atlantique. Dans son pays d'origine, l'Amérique du Nord, le cheval s'est éteint. On ne sait pas pourquoi. Mais il a été ramené par l'homme lorsque celui-ci a colonisé le continent. C'était longtemps après que l'homme et le cheval se soient rencontrés.

Au cours de leur histoire commune, les hommes ont utilisé le cheval de différentes manières. Au tout début, l'homme considérait le cheval comme un simple gibier, comme en témoignent certaines peintures rupestres, notamment en France. Au début, les chevaux ne servaient donc qu'à fournir de la viande et leur lait était bu car il avait un goût très sucré.

On pense que ce sont les Botaï asiatiques qui ont capturé et domestiqué les premiers chevaux sauvages à partir de 3500 avant Jésus-Christ. Ce n'est pas tout à fait clair, il est probable que le cheval ait été utilisé comme animal de rente plus ou moins en même temps dans différents endroits du monde. Ce qui est sûr, c'est que l'homme a profité de cette association. Sans le cheval, nous ne serions probablement pas là où nous sommes aujourd'hui.

L'excellente aptitude des chevaux à porter des charges, à une époque où les roues n'existaient pas encore, a été rapidement reconnue. Avec le développement des roues, les chevaux ont été attelés à des charrettes pour tirer des charges encore plus lourdes. Ils ont également été montés. À cheval, les hommes étaient soudain au moins deux fois plus rapides qu'à pied, ce qui leur permettait de parcourir de longues distances et d'explorer de nouvelles régions. Le cheval est ainsi arrivé dans des régions où il était encore inconnu et où il pouvait désormais être utilisé. Les hommes ont également pu entrer en contact avec des inconnus, ce qui a favorisé le commerce et le développement des langues. Cependant, l'augmentation de la liberté de mouvement des hommes a également entraîné des conflits croissants. Une nouvelle ère d'utilisation des chevaux a donc commencé dans le domaine de la guerre.

Avec leurs différentes utilisations, les hommes ont commencé très tôt à élever différentes races. Le cheval arabe, par exemple, est né chez les Bédouins. Il devait être très rapide et endurant pour servir au mieux les nomades. Pendant les guerres médiévales, le cheval devait être particulièrement grand pour pouvoir porter les chevaliers et leurs lourdes armures. Les Celtes, les Germains et les Vikings ont également créé de plus en plus de races, comme le poney islandais, qui est encore très populaire aujourd'hui. Les chevaux étaient surtout utilisés dans l'agriculture. De grands chevaux à sang froid dotés d'une forte capacité de traction étaient attelés à de lourdes charrues pour labourer les champs. Aujourd'hui, ils sont de plus en plus utilisés dans ce but, afin de préserver l'environnement. Ils sont également utilisés pour les travaux forestiers.

Dans la Rome antique, les chevaux étaient utilisés pour les populaires courses de chars, qui servaient à divertir le peuple romain. Le cheval s'était donc établi dans différents domaines et était devenu un élément incontournable de la vie des gens.

Ce n'est que lorsque la voiture s'est développée que le cheval a failli être supplanté, mais ses nombreuses possibilités d'utilisation se sont alors également révélées et il est passé du statut d'animal de travail à celui d'animal de sport.

Avec l'utilisation, la relation entre l'homme et le cheval a beaucoup évolué, car le cheval n'est plus irremplaçable à l'ère moderne. C'est une bonne chose, car les chevaux ont souvent beaucoup souffert de leur utilisation par l'homme. Depuis que l'homme s'est approprié le cheval, il essaie de le contrôler par la force pour qu'il fasse ce qu'il veut de lui.

Aujourd'hui, il existe malheureusement encore de nombreuses brebis galeuses en la matière, mais dans l'ensemble, le cheval est passé du statut d'animal de rente utilisé à des fins diverses à celui d'ami apprécié avec lequel beaucoup d'entre nous aiment passer leur temps libre. Cela explique pourquoi de plus en plus de personnes s'intéressent aux besoins du cheval et à la manière dont elles peuvent le rencontrer en toute amitié.

Maintenant que nous savons comment le cheval a évolué au fil du temps, comment il est arrivé jusqu'à l'homme et comment il a été utilisé par ce dernier, il nous faut encore expliquer ce qu'est cet animal de fuite.

Les chevaux, en tant qu'herbivores, sont des proies. Ils sont donc toujours en train de fuir ou doivent toujours être prêts à fuir. Leurs yeux latéraux leur offrent un champ de vision de presque 360 degrés. Pour survivre, ils doivent identifier les dangers potentiels le plus rapidement possible et y réagir tout aussi rapidement. Cela signifie que si un cheval aperçoit un objet inconnu, entend un bruit fort ou sent une odeur menaçante, etc., il doit être prêt à courir immédiatement, car il pourrait s'agir d'un prédateur qui pourrait le tuer s'il n'était pas plus rapide.

C'est pourquoi, pour se protéger, les chevaux sont capables de sentir et de percevoir des sons plus faibles et plus aigus que les humains, ce qui fait que nous ne comprenons pas toujours ce qui a effrayé le cheval. Les cordes qui traînent sur le sol peuvent être identifiées comme des bruits de serpents, les craquements de branches peuvent être le signe de prédateurs qui surgissent des buissons. Ces choses banales, auxquelles nous ne pensons pas toujours, peuvent rendre le cheval imprévisible et donc dangereux pour nous, car il ne faut jamais oublier l'énorme puissance et la force qui émanent de ces animaux. Ainsi, s'ils ont peur parce qu'ils ont été effrayés par quelque chose et que leur instinct leur dit de fuir, ils peuvent facilement blesser l'homme, par exemple en ne lâchant pas la corde et en se faisant traîner. Il est donc essentiel de comprendre que le cheval cherchera toujours en premier lieu à s'enfuir pour échapper à un danger. Les animaux qui fuient pacifiquement ne se battent qu'en cas d'extrême urgence, par exemple lorsqu'ils ne peuvent pas s'enfuir parce qu'ils sont enfermés dans leur box. Dans ce cas, ils peuvent se mettre à grimper et à mordre pour se défendre.

Si l'on se met pour la première fois dans la situation d'être toujours en fuite, on voit soudain le monde d'un tout autre œil. Soudain, il est facile d'imaginer que les moments de détente semblent presque impossibles et il semble d'autant plus logique que les chevaux vivent en troupeau. D'une part, cela leur apporte sécurité et protection, d'autre part, ce sont des animaux très sociaux pour lesquels la compagnie de leurs congénères est importante pour ne pas se sentir seuls.

Si un animal du troupeau donne le signal de la fuite, il est fort probable que les autres le suivent, car chaque seconde d'hésitation peut signifier une mort certaine. Une hiérarchie claire joue un rôle important à cet égard, car les chevaux sont capables de distinguer si le cheval qui donne l'alerte est jeune et inexpérimenté ou s'il s'agit d'un cheval confirmé dont le jugement est plus fiable. Grâce à cette capacité, les animaux sont également en mesure d'apprendre les uns des autres.

Le troupeau offre donc au cheval non seulement un abri, mais aussi du calme pour dormir et se nourrir. La jument de tête les guide vers les bons points d'eau et de nourriture. Le reste du troupeau se fie à son jugement et s'en inspire. Elle est responsable de la survie de tous.

COMMENT LES CHEVAUX COMMUNIQUENT-ILS ?

Les chevaux n'ont pas beaucoup de sons à utiliser pour communiquer. C'est très bien ainsi et c'est pour la même raison qu'ils ont évolué en grands animaux capables de courir très vite : Ils doivent rester le plus discrets possible.

Parmi les sons qu'ils peuvent émettre, on peut citer le hennissement. Les chevaux hennissent lorsqu'ils sont excités, lorsqu'ils retournent à leur troupeau ou lorsque la jument appelle son poulain.

Les chevaux peuvent également souffler ou grogner doucement, ce qu'ils font souvent pour saluer leur maître. Ils peuvent couiner de manière stridente lorsqu'ils repoussent un autre cheval et souffler lorsqu'ils sont satisfaits. Un cheval anxieux ou curieux est généralement capable de renifler. Lorsqu'il est détendu, le cheval aime souffler bruyamment, ce qui libère en même temps ses voies respiratoires. En revanche, les grincements de dents, les gémissements et les souffles sont généralement des signes de douleur.

Mais les chevaux communiquent surtout par leur langage corporel. Ils sont donc obligés d'envoyer des signaux et d'y répondre. Mais ce n'est pas tout ce qu'ils savent faire. Les chevaux sont capables de détecter les petits mouvements à distance et les émotions bien mieux que les humains.

En une fraction de seconde, ils peuvent juger de l'état d'esprit d'un congénère qui s'approche d'eux. C'est la seule façon de savoir rapidement s'il y a danger et s'ils doivent s'enfuir. Les chevaux lisent toujours et en permanence les signaux que leur envoie leur environnement, y compris ceux des humains. Ils sont donc capables d'évaluer rapidement si quelqu'un a peur d'eux. Ils communiquent leurs propres émotions, etc. par l'expression de leur visage, leur posture et leurs mouvements, ainsi que par le jeu de leurs oreilles.

En tant qu'animal de troupeau, le cheval est très social. Il se fait des amis, mais peut aussi avoir des ennemis. Si de bons amis sont séparés pendant longtemps, ils peuvent se reconnaître lorsqu'ils se rencontrent à nouveau. Les chevaux amis jouent ensemble, se grattent mutuellement la crinière et se promènent ensemble. Les chevaux ennemis s'évitent. Si cela n'est pas possible, ils peuvent s'attaquer l'un à l'autre, oreilles collées, et se mordre ou se frapper avec leurs sabots arrière.

Le jeu d'oreilles est le signal le plus facilement reconnaissable qu'un cheval puisse envoyer. Les oreilles normalement dressées indiquent qu'il salue son maître ou qu'il a vu quelque chose auquel il veut prêter attention. Lorsqu'il est tendu, ses oreilles sont fortement redressées et très rapprochées les unes des autres. Un cheval endormi a la tête baissée et les oreilles fortement tournées vers l'extérieur. Toutes ses expressions faciales indiquent la détente. Si, au contraire, il n'est pas sûr de lui, ses expressions sont tendues et ses oreilles sont placées sur le côté.

Si le cheval est stressé ou, pour une raison quelconque, agressif, il dresse les oreilles. Ses yeux sont alors écarquillés, il peut essayer de mordre et tout chez l'animal semble menaçant. Si un cheval vous fait face de cette manière, il ne faut pas le toucher, mais s'éloigner de lui. Si une oreille est dirigée vers l'avant et l'autre vers l'arrière, le cheval ne sait pas encore quel bruit l'intéressera le plus. En équitation, des oreilles orientées vers l'arrière signifient qu'il se concentre sur le cavalier et ses instructions. Si les oreilles sont constamment tournées vers l'avant, le cheval n'est pas concentré sur ce qu'il fait.

Outre les oreilles, la queue en dit long sur l'état d'esprit du cheval. Si elle est légèrement relevée et oscille d'un côté à l'autre de manière détendue, il est détendu et se sent bien. Lorsqu'ils ont peur, les chevaux coincent leur queue entre leurs jambes. Pour chasser les insectes, le cheval bat énergiquement de la queue. Il fait de même lorsque quelque chose ne lui convient pas, qu'une situation lui fait peur ou qu'il règne une atmosphère désagréable. Les chevaux courent avec la queue relevée lorsqu'ils sont excités ou trop confiants, par exemple lorsqu'ils sont amenés au paddock et lâchés.

On prête peu d'attention, à tort, à la bouche, qui peut pourtant révéler tant de choses. Lorsque le cheval est détendu, sa lèvre inférieure pend. En cas de malaise, de douleur ou de peur, elle est pincée ou fortement serrée. Pour flagorner, les chevaux penchent la tête en arrière et relèvent la lèvre supérieure, laissant apparaître les dents. Ils le font pour mieux percevoir les odeurs qu'ils trouvent intéressantes. Ils ont un organe olfactif spécial sur le palais pour détecter ces odeurs. Le fait de baver fréquemment peut également être un signe de douleur, par exemple en cas d'ulcère gastrique. Chez les poulains, la mastication dite "d'infériorité" sert à démontrer la soumission à un animal de rang supérieur. La lèvre supérieure et la lèvre inférieure sont tirées sur les dents et des mouvements de mastication sont effectués.

Ce que nous ignorons souvent, c'est que les chevaux réagissent aussi volontiers aux odeurs par la fuite. Par exemple, ils peuvent détecter un incendie à distance. Il n'est donc pas surprenant que les narines du cheval soient aussi révélatrices de ses sensations que tout ce qui a été dit jusqu'ici. Lorsque les narines sont dilatées, l'animal est prêt à s'enfuir. S'il se met à courir, les narines dilatées lui permettent de mieux respirer et d'oxygéner son organisme.

Les yeux du cheval sont particulièrement intéressants. Beaucoup de gens pensent que tous les chevaux ont des yeux tristes, mais ce n'est pas vrai. Les chevaux mal ou non entretenus expriment leur manque de bien-être à travers leurs yeux. Ils ne peuvent pas parler et dire qu'ils sont malheureux. Mais si le cheval a tout ce dont il a besoin, à savoir des congénères, beaucoup d'exercice, de l'espace, de la lumière et de l'air frais, ses yeux ont l'air tout à fait détendus, éveillés et brillants. On peut voir qu'il est heureux.

En revanche, lorsqu'ils sont effrayés, ils s'ouvrent en grand, laissant apparaître le blanc autour de l'iris. Certains chevaux roulent même les yeux. Le triangle de stress, qui se présente sous la forme de rides abruptes, d'yeux ternes et opaques, peut en outre être le signe d'une douleur chez l'animal.

Dans la communication entre les chevaux, la hiérarchie joue à nouveau un rôle important. Les chevaux sont obéissants lorsque leur rang est établi, ce qui leur permet d'assurer leur survie. Chaque cheval suit le cheval de rang supérieur et, ensemble, ils suivent la jument de tête, comme nous l'avons déjà mentionné. Comme toute chose dans la vie, la hiérarchie évolue, car les jeunes animaux deviennent plus âgés et plus expérimentés, les plus faibles baissent dans la hiérarchie et les nouveaux sont classés. Il est intéressant de noter que ce sont principalement les chevaux les moins bien classés qui utilisent leur force physique pour monter en grade. Plus un cheval est haut placé, moins il a besoin de ressources physiques, car il a gagné le respect du troupeau. De son instinct, de sa vigilance et de son expérience dépend la vie de tous. Il a donc une autorité, une sorte de force intérieure. Les disputes au sein du troupeau pour clarifier le rang servent à clarifier la docilité qui détermine le destin de tous et assure la survie du troupeau. Les chevaux sont donc habitués à prendre une décision immédiate en cas de doute sur qui est au-dessus et qui est au-dessous d'eux. Ils le font savoir par leur langage corporel. Par exemple, lorsqu'ils rencontrent un nouveau membre du troupeau. Dans un premier temps, les animaux se renifleront, couineront peut-être et donneront un coup de patte avant. S'ils considèrent que l'animal est plus faible, ils le menaceront en dressant les oreilles, ce qui suffit généralement à le faire s'écarter.

Mais dans tous les cas, le langage corporel du cheval est toujours l'expression de ses sentiments. Il montre ce qui se passe en lui.

Pour comprendre la communication des chevaux, nous devons donc également comprendre leur psychologie.

Dès leur naissance, les chevaux sont guidés par leurs sensations. L'esprit communique avec le corps par le biais de ce langage. C'est l'expérience de la tension et de l'excitation, ainsi que de l'apaisement et de la détente. Intégrer cela, c'est s'intéresser à la conscience. L'émotion est toujours un état conscient dû à des expériences internes et externes. Les émotions, quant à elles, ne sont qu'une réaction, elles rendent les sentiments visibles. Cela peut se produire spontanément ou être le résultat d'expériences accumulées. Par exemple, si le cheval est peu sûr de lui et qu'il a toujours été conforté dans ses craintes.

Dans les relations et la communication avec les chevaux, il est essentiel d'être toujours conscient de ses sentiments et de pouvoir contrôler ses émotions. Si vous n'êtes pas en mesure de le faire, vous êtes assis sur un baril de poudre dont l'explosion peut être dangereuse tant pour l'homme que pour le cheval.

Le cheval peut transmettre et réagir à deux types d'émotions différentes. L'émotion directe est la prise de contact physique au moyen du nez, des dents, des sabots, etc. ou les réactions à l'homme qui le touche au moyen de son corps, que ce soit par les mains, les cuisses, les éperons ou la cravache.

Avec le sentiment indirect, les chevaux communiquent au moyen d'un regard, d'un mouvement, sans pour autant avoir de contact physique direct.

Grâce à son intuition, la jument de tête dirige les pensées et les actions de l'ensemble du troupeau dans le but d'assurer sa survie. Chaque cheval est capable d'influencer un autre cheval par le biais de ses sensations, de sorte qu'il peut déterminer ses mouvements, sa direction et sa vitesse.

Vous avez peut-être déjà entendu dire qu'avec les chevaux, tout dépend de qui déplace qui. En d'autres termes, si un cheval s'approche de vous et que vous reculez instinctivement, il sait qu'il peut vous faire bouger dans la direction où il souhaite vous voir aller : évidemment loin de lui. Mais si vous vous arrêtez et que vous vous faites grand, ou même si vous faites un pas décidé vers l'animal, vous pouvez le faire bouger. Si la distance qui le sépare de vous, désormais réduite, est trop petite, il devra inévitablement reculer pour l'agrandir, car vous lui aurez montré que vous ne vous laisserez pas éloigner de lui et que vous ne céderez donc pas.

Si nous aussi, humains, comprenons et appliquons correctement le principe des émotions directes et indirectes des chevaux, nous pouvons diriger l'esprit et le corps de nos amis à quatre pattes de manière à ce qu'ils fassent ce que nous voulons qu'ils fassent, et ce sans aucune violence. Il est alors possible d'influencer les actions et les pensées des chevaux de manière à garantir une sécurité commune non négligeable.

Il existe différentes approches décrivant la manière dont les gens devraient communiquer avec les chevaux. Cela s'explique notamment par le fait que le comportement complexe de ces animaux n'a pas été entièrement étudié et que nous sommes encore dans le noir à bien des égards. Ce qui semble certain, en revanche, c'est que le cheval ne verra jamais l'homme comme un congénère. C'est parce que l'homme ne vit pas avec lui et qu'il vient le chercher pour ensuite faire avec lui des choses qu'il ne ferait avec aucun autre cheval. Ou avez-vous déjà vu un cheval en monter un autre ? Il semble donc très douteux que la hiérarchie entre l'homme et le cheval doive réellement être établie, comme on le prétend souvent, car il ne s'agit pas d'une structure de troupeau.

Néanmoins, le cheval cherche toujours à être obéissant et, s'il fait l'expérience qu'il ne peut pas faire confiance à son humain, il prendra toujours des décisions pour lui-même afin d'assurer sa survie. Concrètement, cela signifie qu'il prendra la fuite dans des situations qu'il considère comme dangereuses. Les personnes non averties qualifieraient ces chevaux de particulièrement peureux, alors qu'il leur manque simplement la confiance nécessaire. Si elle est présente, l'animal laisse l'homme décider si la fuite est appropriée.

Vous l'aurez compris, comprendre et apprendre le langage des chevaux n'est pas du tout comparable à l'apprentissage d'une langue étrangère. C'est beaucoup plus complexe, cela demande beaucoup d'empathie et surtout la volonté de travailler sur soi-même.

Il est absolument nécessaire de comprendre comment les chevaux pensent pour pouvoir comprendre leurs actions et ne pas les punir pour quelque chose dont ils ne sont tout simplement pas responsables, parce qu'ils ont simplement agi par instinct.

Nous ne devons jamais oublier que les chevaux sont des animaux de fuite lorsque nous les rencontrons. Cette connaissance doit guider toutes nos interactions avec eux et doit toujours être au premier plan lorsque nous nous demandons pourquoi le cheval fait quelque chose que nous ne pouvons absolument pas comprendre sur le moment. Si nous assimilons ces connaissances et les comportements qui découlent logiquement de la vie d'un animal de fuite, nous pouvons automatiquement faire preuve de beaucoup plus de patience à l'égard du cheval.

Il est également important de savoir que les hémisphères gauche et droit du cerveau du cheval n'interagissent guère. Cela explique pourquoi le cheval réagit souvent différemment à un même objet lorsqu'il le voit à nouveau de l'autre côté. Les informations captées par l'œil gauche passent par le nerf optique et sont transmises à l'hémisphère droit du cerveau. Après traitement, elles ne parviennent toutefois qu'à environ vingt pour cent dans l'hémisphère gauche du cerveau. En d'autres termes, le cheval peut être passé tranquillement à côté d'un banc en bois qu'il a perçu de l'œil gauche à l'aller. Mais sur le chemin du retour, il s'en détourne car il n'a qu'une idée approximative de sa présence avec son œil droit.

Cette connaissance facilite grandement la compréhension par le cheval du fait que les objets effrayants doivent toujours être vus des deux côtés et que l'autre point de vue peut également susciter des réactions différentes.

Il est tout aussi important de noter que les chevaux ont tendance à voir davantage en deux qu'en trois dimensions. Seul un petit champ visuel leur permet de percevoir les choses en trois dimensions. Par conséquent, si le cheval veut examiner de plus près des objets, il essaiera de les placer dans ce champ visuel en tournant la tête de manière à ce que cela soit possible. Un tel comportement n'est donc pas une désobéissance et vous devriez toujours permettre à votre cheval de changer la position de sa tête en conséquence. Si vous ne le faites pas, le cheval risque de s'effrayer parce qu'il doit considérer l'inconnu comme un danger, car il n'a pas pu voir à quel point il était peut-être inoffensif. Si le cheval essaie de regarder un objet différemment en bougeant la tête, cela peut également être dû au fait qu'il a besoin de ses deux yeux pour le voir clairement. Le cheval le fera probablement surtout si l'objet est quelque chose qu'il ne connaît pas. Contrairement aux humains, les chevaux ne sont pas capables de faire la mise au point sur les objets avec un seul œil.

En outre, comme pour les humains, la motivation joue un rôle important dans les actions des chevaux. Tout ce que le cheval fait, il le fait soit pour éviter quelque chose de désagréable, soit parce qu'il en attend quelque chose d'agréable. Mais il n'agit jamais de manière destructrice. Par exemple, s'il veut éloigner un autre cheval, il le laisse tranquille dès qu'il s'éloigne et ne l'attaque pas inutilement. Un cheval qui en chasse et en attaque un autre sans raison n'existe donc généralement pas.

Les chevaux agissent également toujours de manière cohérente. Ils font sentir à leurs congénères les conséquences de leurs actes. En d'autres termes, si l'autre cheval s'écarte et est laissé tranquille, il sait qu'il a agi correctement ou comme il le souhaitait. Il s'en souviendra et s'écartera peut-être la prochaine fois au lieu de provoquer une morsure ou un coup de pied.

Pacifiques comme le sont les animaux de fuite, les violences physiques entre eux sont généralement la dernière étape d'une série de sous-entendus destinés à déclencher le comportement souhaité chez l'autre. Pat Parelli a décrit ces étapes comme les "quatre phases". Prenons par exemple deux chevaux au râtelier à foin. L'un mange déjà, l'autre s'approche de lui par derrière. Il décide de s'approprier l'espace du râtelier. Dans un premier temps, il va donc dresser les oreilles et envoyer son nez vers l'autre. Si cela ne suffit pas à faire fuir le concurrent, le comportement est répété et un pas supplémentaire est fait vers lui. Ce n'est que si cela ne donne rien que l'on passe à la troisième étape. Le cheval gonflera les naseaux et menacera de mordre ou même de mordre. La dernière étape consiste à utiliser son arrière-train et à donner un coup de pied à l'autre. Ces conséquences naturelles, décrites par l'éducateur américain Dreikurs, sont les conséquences logiques d'un comportement indésirable. Elles ne sont pas exécutées par punition ou par vengeance, mais toujours avec bienveillance et sur la base du respect mutuel.

Si l'homme veut appliquer ce concept dans ses relations avec le cheval, il doit donc toujours commencer au niveau 1. Ce n'est que progressivement que la pression peut être augmentée si le cheval ne réagit pas comme il le souhaite. Tout l'art réside dans l'augmentation de l'énergie et de l'autoréflexion. Avant d'augmenter la pression sur le cheval, il faut se demander si l'on a clairement communiqué la demande souhaitée ou si le cheval n'a peut-être pas pu comprendre ce que l'on voulait de lui.

Comme nous le savons déjà, les chevaux communiquent principalement par le biais de leur langage corporel. Ils lisent donc aussi le nôtre. Il est donc impossible de ne pas communiquer avec le cheval lorsqu'on lui fait face, car il perçoit et interprète chaque signal de notre corps, même s'il s'agit d'une petite secousse. En revanche, il est possible d'envoyer au cheval tellement de signaux en même temps qu'il en devient confus et ne comprend plus ce que veut son interlocuteur. C'est pourquoi il est toujours utile de bien réfléchir à ce que l'on veut et à la manière dont on pourrait le faire comprendre au cheval le plus facilement possible. Dès que nous voulons quelque chose d'un cheval, nous commençons à communiquer avec lui. Par exemple, lorsque nous voulons traverser le pré et qu'un cheval se trouve soudain face à nous. Lui demanderons-nous gentiment de s'écarter un peu, utiliserons-nous une cravache pour le faire fuir ou nous contenterons-nous de le contourner ? Nous devons toujours être conscients à l'avance de la manière dont nous voulons aborder le cheval afin d'éviter tout malentendu. Dans tous les cas, nos actions doivent toujours être cohérentes, car même si le cheval peut ne pas nous considérer comme un congénère, soit au-dessus, soit en dessous de lui, il appliquera les pratiques qu'il utilise avec les autres chevaux dans ses relations avec nous.

Le cheval pense toujours de la même manière. Au lieu de l'humaniser et d'interpréter dans son comportement des choses qu'il n'est tout simplement pas capable de faire, nous devrions donc commencer à nous comporter comme un cheval et à communiquer avec lui au niveau qu'il comprend et qu'il peut comprendre. Ce n'est qu'ainsi qu'il est possible d'établir une relation de confiance et un partenariat qui durera des années.

Les chevaux ne peuvent donc pas se moquer de vous, même si de nombreuses écoles d'équitation continuent à le faire croire à tort. Mais le cheval n'est ni capable ni désireux de prendre une décision consciente sur la manière dont il peut nous énerver le plus. Il est dans sa nature de rester paisible. Par conséquent, lorsque nous en arrivons au point où un cheval nous montre sa force et devient vraiment dangereux, c'est généralement la conséquence d'une mauvaise action pratiquée trop longtemps et trop souvent à son égard. En clair, si le cheval essaie ainsi d'échapper à l'homme, c'est que celui-ci a fait beaucoup de choses de travers dans le passé. La plupart du temps, ce type d'incident se développe insidieusement. C'est pourquoi il est important de toujours réfléchir, car la règle d'or est la suivante : si le comportement du cheval évolue de plus en plus dans la mauvaise direction, par exemple s'il commence à devenir agressif envers vous, vous devez vous demander ce que vous avez fait de mal. Pensons à nouveau à la motivation des chevaux. Comme nous l'avons déjà dit, ils ne font les choses que s'ils espèrent en retirer quelque chose d'agréable ou s'ils veulent éviter quelque chose de désagréable. Par exemple, si nous nous montrons violents avec le cheval et que nous le frappons avec une cravache, soit il se soustrait à la pression et avance comme nous le souhaitons, soit il choisit une autre voie en décidant de nous laisser descendre. La force des chevaux ne doit jamais être sous-estimée, et il est donc évident que tout cheval qui décide de se débarrasser de son cavalier atteindra tôt ou tard cet objectif, ce qui nous ramène à la question du danger dans les relations avec le cheval.

Il est certain que c'est la peur, souvent inconsciente, de beaucoup de gens de vouloir dominer le cheval qui les pousse à devenir trop rapidement violents et injustes. Mais ce n'est pas la bonne solution car, d'une part, on ne peut pas monter un cheval avec de la force et, d'autre part, la confiance entre le cavalier et le cheval est nécessaire pour développer une relation intime. Cela signifie donc que si le cheval ne veut pas avancer et qu'il recule ou s'arrête complètement, c'est peut-être parce qu'il a fait l'expérience qu'on le laisse alors tranquille. Dans tous les cas, il ne considère pas son comportement comme une "farce", mais comme une mesure pour éviter quelque chose de plus désagréable. Dans tous les cas, il considère toujours son action comme juste, ce qui rend d'autant plus nécessaire que nous nous remettions en question et que nous essayions de trouver un moyen de faire comprendre au cheval ce que nous attendons de lui.

Mais il y a bien sûr des situations où nous avons beau faire comprendre à l'animal que nous aimerions avancer plutôt que reculer, il s'arrête ou recule encore plus. Il est alors recommandé de faire au moins un pas en arrière et d'aborder le cheval sur une autre base. Par exemple, les anciens chevaux d'école sont généralement fatigués de monter à cheval et ont adopté, entre autres, le comportement décrit ci-dessus pour se dérober. Il est alors peu probable que nous puissions les convaincre que nous sommes différents et qu'il est amusant de nous porter sur le dos. Il y a des choses à rééquilibrer pour que nous puissions nous amuser avec le cheval et que le cheval puisse s'amuser avec nous. C'est ce que nous devrions toujours exiger de ces animaux : qu'ils prennent plaisir à ce que nous faisons avec eux et qu'ils soient heureux quand nous revenons, car ils savent que quelque chose d'excitant les attend et qu'ils en ont envie.

Un cheval qui n'aime plus être monté doit être travaillé au sol et apprendre qu'il peut être agréable de passer du temps avec des gens et que ce temps n'est pas toujours synonyme de désagrément. Une fois qu'une relation de confiance est établie sur cette base, vous pouvez vous remettre à l'équitation. Cela doit se faire par petites étapes et avec beaucoup de compliments. Il est important d'être patient dans le contact et la communication avec le cheval, car ces petits pas peuvent représenter des mois, voire des années de travail, mais ils sont d'autant plus récompensés lorsque vous arrivez au but final.

Il est donc utile de toujours se fixer de nombreux petits objectifs intermédiaires, pas trop éloignés et réalistes, afin de maintenir sa propre motivation, de continuer à avancer et de ne pas abandonner. En outre, il faut partir du principe que le travail avec les chevaux ne se fait pas étape par étape, mais qu'après trois pas en avant, il faut peut-être en faire deux en arrière. C'est surtout le cas lorsque le cheval est traumatisé d'une manière ou d'une autre. Si l'on tient compte de ces points, que l'on fait preuve de patience et de cohérence avec le cheval et que l'on maîtrise suffisamment ses émotions pour ne jamais être injuste ou violent avec lui, on crée peu à peu une relation si précieuse à différents niveaux qu'il faut l'avoir vécue pour pouvoir l'exprimer.

Alors, pour en revenir à la façon dont les chevaux communiquent avec nous, voici une petite réflexion : "Sois silencieux avec ton cheval, il t'entendra mieux et toi aussi". (Source inconnue)

Qu'est-ce que cela nous dit ? Tout simplement que moins, c'est souvent plus. La sensibilité et le relâchement sont les deux aspects les plus importants dans le travail avec le cheval.

Comme nous l'avons expliqué en détail, les chevaux connaissent par cœur les règles qu'ils suivent pour assurer leur survie et les appliquent de la même manière. Cela permet aux humains de les dominer facilement, d'où l'importance de bien les écouter, car ils nous écoutent toujours et perçoivent nos peurs et nos faiblesses, mais aussi nos capacités et nos forces. La façon dont ils nous connaissent est à peine celle dont nous nous connaissons nous-mêmes. Les humains ont l'habitude de cacher leurs sentiments. Mais ce qui est un jeu d'enfant avec nos semblables ne l'est pas avec les chevaux.

Pour entrer en contact avec les chevaux, vous devez, comme vous le savez déjà, être capable de bien contrôler vos émotions. Si possible, accueillez votre partenaire en le caressant. Vous entrez ainsi en contact avec le cheval par le biais d'un sentiment direct et vous pénétrez paisiblement dans son espace personnel. Vous lui montrez que cette prise d'espace n'est pas forcément désagréable et vous l'aidez à se sentir en sécurité et à l'aise avec vous. C'est important, car le cheval entrera lui aussi régulièrement dans votre espace personnel, de sorte qu'il est utile pour les deux parties que l'autre puisse lui apporter un sentiment de sécurité.

Dans la vie quotidienne avec le cheval, il y a de nombreuses situations que nous ne pouvons malheureusement pas toutes traiter en détail ici, c'est pourquoi nous n'abordons qu'une sélection d'événements que chacun vivra ou a peut-être déjà vécu avec le cheval.

Par exemple, aborder un cheval qui ne vous connaît pas encore est aussi complexe que peu de gens le pensent. Cela signifie qu'il est possible de commettre de nombreuses erreurs à ce niveau également.

Si vous vous approchez du cheval en le regardant fixement dans les yeux, vous avez tout faux.

Au lieu de cela, vous devez toujours vous approcher latéralement, ni trop vite ni trop lentement, pour ne pas tomber dans une sorte de furtivité. Ne le regardez pas dans les yeux et ne faites pas de mouvements incontrôlés, comme lui sauter au cou, lorsque vous êtes avec lui. Laissez-le simplement renifler votre main que vous tendez calmement vers lui. Vous lui montrez ainsi que vous ne représentez pas un danger pour lui et vous lui donnez l'occasion de vous inspecter attentivement avant de vouloir quelque chose de lui, comme lui mettre un licol par exemple.

Nous savons déjà comment le cheval peut exprimer différentes émotions avec différentes parties de son corps. En interaction, ces différents signes peuvent toujours avoir des significations différentes. Regardons de plus près le langage corporel pour avoir une meilleure idée de la manière dont nous devons communiquer avec lui.

Tout dépend de la position du cheval par rapport à vous et de la direction dans laquelle il se déplace. Cela semble simple, mais vous constaterez rapidement qu'il faut beaucoup de pratique pour maîtriser parfaitement ce vocabulaire.

Si vous vous tenez face à votre cheval de manière à pouvoir le regarder dans les yeux, cela signifie que vous lui demandez de s'éloigner de vous. En revanche, si vous vous placez de manière à pouvoir regarder son garrot à angle droit, vous lui dites de s'approcher. Monty Roberts a pu observer, en prenant pour modèle la jument de tête, que tout cheval fera tôt ou tard un effort pour se montrer conciliant, sur la base d'un signal indiquant qu'il est prêt à écouter. Cela peut se traduire par un mouvement de va-et-vient de la bouche au-dessus du sol, la tête baissée. Baisser l'encolure pour que le nez se dirige vers le sol est donc un signal très important dans la communication avec le cheval, qu'il faut toujours travailler. De même, lorsque nous montons à cheval, nous avons toujours pour objectif de faire baisser la tête. Si le cheval garde la tête baissée, il ne peut ni s'enfuir ni voir ses congénères ou d'éventuels prédateurs. Il indique par cette posture qu'il est prêt à négocier.

Tant que le cheval est monté en avant-arrière, il ne fait pas que renforcer les muscles de son dos, comme on l'enseigne généralement de manière exclusive, mais il est capable de comprendre les informations et de les appliquer. Cette position, dans laquelle le dos doit se balancer, l'encolure être abaissée et le nez légèrement en avant de la verticale, est extrêmement importante et pourtant si souvent mal pratiquée. De nombreux chevaux présentés en compétition portent la tête loin derrière la verticale. Ils sont souvent torturés pendant leur formation avec des techniques de débridage horribles, comme les rênes en boucle, qui les poussent dans cette position. Mais cela n'a rien à voir avec la décontraction. Si vous voulez monter votre cheval correctement en avant-arrière, il est essentiel que l'animal trouve tout seul le chemin vers la profondeur. C'est dans cette position que chaque étape d'apprentissage peut être le mieux travaillée et que le cheval est le plus sûr à monter. Cette équitation réelle garantit à la fois à l'homme et au cheval une protection physique et psychologique.

Revenons plus en détail sur la question du contact visuel : Comme nous l'avons déjà mentionné, vous pouvez inconsciemment envoyer à votre cheval le signal qu'il doit rester à distance de vous si vous le regardez dans les yeux. Il n'est cependant pas possible d'étiqueter globalement les regards comme des signaux, car là encore, la sensibilité des chevaux entre en jeu. Si le regard est dirigé vers d'autres parties du corps, cela peut provoquer un changement de direction de l'animal. Ainsi, si vous regardez accidentellement le cheval dans les yeux lorsqu'il est à la longe, cela peut l'amener à s'arrêter. En revanche, si vous regardez son arrière-main, il continuera à avancer. Vous pouvez vous rappeler que dans le règne animal, le contact visuel direct est généralement synonyme de confrontation, c'est pourquoi il est préférable de ne pas regarder directement les chevaux dans les yeux, mais pas seulement.

Un regard baissé signifie la soumission et envoie le signal que l'autre personne n'est pas en danger. Par conséquent, si le contact visuel direct est interrompu, cela indique au cheval qu'il peut rester ou s'approcher. Vous constaterez que si votre cheval se rend compte que vous commencez à contrôler consciemment son langage corporel, il commencera à réfléchir. Cela se traduit alors par un léchage des lèvres. Les mouvements de mastication indiquent qu'il est en train d'assimiler des informations. Le léchage et le mordillement sont toujours les signes avant-coureurs d'un changement de comportement imminent. Une expérience est perçue et traitée.

Un autre point intéressant de la communication équine est le thème de l'avancée et du recul, un phénomène qui semble presque incroyable. Le meilleur exemple est la méthode utilisée par les Indiens Cherokee pour capturer les chevaux sauvages. Au lieu d'essayer de capturer les animaux avec des lassos sur des plaines plates ou d'imaginer d'autres moyens, ils ont misé sur la patience et beaucoup de persévérance. Ils ont simplement suivi le troupeau pendant plusieurs jours, sans le chasser ni le traquer. Lorsqu'ils ont fait demi-tour, le troupeau les a suivis et ils n'ont eu qu'à le conduire dans des zones préparées pour attraper quelques spécimens. Vous vous demandez certainement pourquoi. On peut l'expliquer par le principe de la pression et de la contre-pression, qui jouera toujours un rôle important dans la relation avec le cheval.

Contrairement aux humains, les chevaux ne cèdent pas à la pression. Le fait qu'un cheval réagisse à la cuisse du cavalier ne va donc pas de soi et doit être appris. Par nature, le cheval résiste à la pression. Cela est dû au fait qu'il ne ferait qu'aggraver les blessures qu'un prédateur lui aurait infligées s'il réagissait en s'enfuyant. Au lieu de cela, il doit résister, ce qui lui donne au moins une chance de limiter les dégâts. Dans ses rapports avec les humains, le cheval ne cédera donc pas immédiatement, car cela signifierait pour lui qu'il a perdu. Les Indiens ont donc dû exercer une pression sur les chevaux, qui ne les a pas fait fuir, mais qui n'était pas non plus suffisamment forte pour qu'ils réagissent en exerçant une contre-pression. Le principe qui a prévalu ici est celui de l'émotion indirecte. Le temps passé ensemble à suivre le troupeau avait créé une relation telle que les chevaux les suivaient en raison de la confiance établie.

Ainsi, pour que votre cheval puisse communiquer proprement avec vous, vous devez parvenir à le mettre dans un état où il peut suivre votre sentiment. Pour cela, vous devez vous mettre à son écoute et apprendre à le connaître suffisamment pour être en mesure de détecter immédiatement tout changement de comportement. En d'autres termes, le respect et l'empathie sont des éléments importants de la communication qui permettent de faire en sorte que le cheval vous suive.

Apprendre le langage des chevaux

QUE FAUT-IL POUR DIRIGER UN CHEVAL ?

Après avoir expliqué en détail comment les chevaux communiquent entre eux et avec nous, nous devons répondre à la question de savoir ce qu'il faut faire pour être un bon guide pour le cheval, car, comme nous l'avons appris, le cheval cherche toujours à être obéissant. En d'autres termes, soit nous gagnons la sienne, soit il prend ses décisions seul - une voie qui, comme nous l'avons déjà dit, peut s'avérer très dangereuse pour nous et ne mènera jamais à l'objectif d'une véritable amitié. Si le cheval n'est pas capable de faire confiance à son humain, il ne sera pas prêt à faire beaucoup de choses basées sur une relation de confiance, et vous arriverez toujours à des points où il montrera les limites de sa volonté d'aller vers l'humain.

Connaissez-vous le dicton : "On ne rencontre pas un cheval par hasard. Soit il s'agit pour vous d'une mission, d'une opportunité ou du grand amour. Il n'est pas rare qu'un cheval réponde à ces trois points. Et c'est un vrai cadeau". (Source inconnue)

Vous devez en retenir qu'il n'est pas possible d'établir le même lien avec tous les chevaux. C'est comme pour nous, les humains. Nous n'aimons pas non plus tout le monde et nous ne voulons pas être amis avec eux. Cela ne veut pas dire que nous ne pouvons pas, en principe, essayer de communiquer et de travailler avec chaque cheval, mais si l'alchimie entre vous et votre cheval n'est tout simplement pas bonne, il sera impossible d'atteindre des objectifs communs plus importants. Prenons l'exemple du célèbre étalon Totilas, récemment décédé : lorsqu'il a connu un succès international avec son cavalier Edward Gal et qu'il est ainsi devenu célèbre, l'équipe a pu établir plusieurs records. L'étalon a ensuite été vendu à prix d'or, mais il ne s'est jamais retrouvé avec son nouveau cavalier de manière à pouvoir renouer avec ses succès passés.

Si vous avez déjà monté plusieurs chevaux, vous savez sans doute que vous vous êtes senti plus à l'aise sur certains que sur d'autres. C'est tout à fait normal, car il en va de même pour le cheval. Les conditions de base devraient donc déjà être réunies par sympathie. La surestimation de soi joue souvent un rôle important. De nombreuses personnes achètent un cheval avec lequel elles seront dépassées dès le départ, car elles n'ont tout simplement pas les qualités nécessaires pour le manipuler. En effet, plus le cavalier est inexpérimenté, plus le cheval doit être expérimenté. L'erreur qui consiste à croire qu'un jeune cheval peut apprendre en même temps qu'un débutant se solde généralement par de graves problèmes. L'homme devrait donc toujours être réaliste dans le choix de son cheval en ce qui concerne son niveau de compétences et de capacités, et préférer réduire ses exigences envers son futur partenaire de loisirs et y réfléchir à deux fois. Si vous êtes inexpérimenté, un cheval plus âgé qui vous sert de professeur peut vous être d'un grand secours. Inversement, si vous avez un grand savoir-faire avec les chevaux, c'est-à-dire si vous avez déjà travaillé avec de jeunes chevaux et que vous avez obtenu de bons résultats, vous pouvez bien entendu choisir un spécimen plus jeune que vous pourrez ensuite former selon vos idées et vos souhaits.

Dans tous les cas, vous devez d'abord gagner la docilité de votre cheval. Nous avons déjà souligné que pour bien diriger un cheval, l'homme doit posséder plusieurs qualités. C'est la seule façon de garantir que la relation entre lui et l'animal repose sur une base de confiance solide. Trop souvent, les gens pensent que le cheval les suit alors qu'ils l'intimident tellement qu'il n'ose plus rien faire d'autre que ce que l'homme attend de lui. Une véritable amitié ne peut jamais naître de cette manière. Au contraire, plus le cheval craint son maître, plus il s'éloigne de lui sur le plan émotionnel. Dans les situations potentiellement dangereuses, il ne lui fera pas confiance et prendra toujours lui-même la décision de ce qu'il faut faire, ce qui peut être très dangereux pour son maître.

Cette peur, que les chevaux développent malheureusement trop souvent, trouve son origine dans le fait qu'ils sont souvent confrontés à la violence dans leurs rapports avec l'homme. Lors des Jeux olympiques de 2021, nous avons pu constater à quel point il était naturel pour de nombreuses personnes de frapper un cheval avec une cravache, voire de le battre à mort. La violence est malheureusement plus fréquente dans les relations avec les chevaux que le profane pourrait le supposer. Cela est dû, entre autres, à l'ignorance, au manque de patience et à l'idée fausse que cela permet d'atteindre plus rapidement l'objectif souhaité. Mais c'est définitivement une erreur. Il ne faut jamais oublier que le chemin le plus long dans la collaboration avec le cheval sera toujours le plus durable, celui dont on peut profiter longtemps. Une fois que vous avez posé la première pierre d'une relation saine et solide avec votre cheval, vous pouvez construire sur cette base de tant de façons que l'attente sera plus que payante. C'est promis !

Quelles sont donc les qualités nécessaires pour s'occuper d'un cheval ? Très clairement : respect, patience, cohérence et confiance. Ces quatre piliers sont essentiels et partiellement interdépendants.

La confiance est la base d'une bonne relation. Pour la construire, les trois autres piliers ne doivent jamais être négligés et doivent toujours être appliqués. La première chose à faire est donc d'établir la confiance. C'est généralement un long chemin, qui dépend du nombre de mauvaises expériences que le cheval a déjà vécues et de la rapidité avec laquelle il est prêt à faire confiance à l'homme. Cette volonté est influencée par la cohérence de l'homme dans ses rapports avec lui et par le fait qu'il agisse avec respect et sans violence. Si le cheval apprend que l'homme se comporte toujours de la même manière dans les mêmes situations, il sera en mesure d'évaluer son comportement à l'avenir, ce qui permettra au cheval et au cavalier de s'entendre partiellement à l'aveugle. Cette cohérence signifie, par exemple, que le cheval ne peut pas brouter quand on le promène. S'il peut brouter aujourd'hui et que vous l'en empêchez demain, il essaiera à nouveau de brouter après-demain, car sa motivation est qu'il en attend quelque chose d'agréable. Mais si vous êtes constant dans votre décision d'interdire au cheval de brouter lorsque vous l'emmenez, il finira par ne plus essayer du tout, car il sait qu'il ne pourra pas s'en sortir.

Votre cohérence vous rend prévisible pour votre cheval. Il sait à quoi s'en tenir et comment se comporter pour recevoir des félicitations de votre part. L'incohérence, en revanche, perturbe votre cheval. Il ne peut pas savoir qu'aujourd'hui, vous n'avez tout simplement pas envie de vous imposer parce que vous passez une mauvaise journée et que demain, les règles seront différentes. Cette confusion peut également créer des malentendus qui peuvent dégénérer en problèmes graves. La cohérence est donc un service important que vous rendez non seulement à votre cheval, mais aussi à vous-même.

Le renforcement positif vous permet de maintenir la motivation de votre cheval et de le rendre impatient de passer du temps avec vous. Et plus vous passez de temps ensemble, où le cheval a de bonnes expériences avec vous, plus il vous fera confiance. De plus, le renforcement positif est le moyen de remotiver les chevaux qui ont perdu l'envie d'être avec l'homme, comme nous l'avons suggéré plus haut.

L'éducation du cheval doit toutefois être conçue de manière à ce que le cheval se comporte au final de la manière la moins dangereuse possible, dans l'intérêt de toutes les parties concernées. Ce n'est donc pas à lui de décider s'il doit traverser la route ou non, et il ne doit pas non plus être traité avec violence. La voie médiane du renforcement positif implique que le cheval apprenne qu'il ne doit ni mordre ni donner des coups de pied aux gens, et ce sans qu'on lui interdise de le faire. On ne punit donc pas le mauvais comportement, mais on félicite chaque pas dans la bonne direction, aussi petit soit-il. Cela demande beaucoup de patience, ce qui permet de boucler la boucle des quatre piliers. Pour pratiquer cette méthode, il faut une fois de plus faire preuve d'introspection, travailler sur ses propres faiblesses et les éliminer.

Comme l'a dit Rudolph G. Binding, un écrivain allemand :

"Votre cheval est votre miroir. Il ne vous flatte jamais. Il reflète votre tempérament. Il reflète aussi ses fluctuations. Ne vous mettez jamais en colère contre un cheval. Vous pourriez tout aussi bien vous fâcher contre votre miroir". Ou encore : "L'équitation n'est un plaisir que si vous êtes passé par une longue école de patience, de délicatesse et d'énergie que le cheval vous donne".

Ce qu'il veut nous dire est à la fois si simple et si difficile : seul celui qui est vraiment prêt à travailler sur lui-même et sur ses faiblesses afin de pouvoir communiquer avec le cheval de manière à ce qu'il n'y ait pas de malentendu sera en mesure de le comprendre et, en fin de compte, de le guider. En outre, il met en évidence la nécessité de maîtriser ses émotions. Par conséquent, si vous avez une journée stressante et que vous arrivez à l'écurie complètement épuisé, le mieux est de ne pas vous asseoir sur votre cheval, car il est fort probable que vous agissiez de manière injuste envers lui. Allez plutôt le promener ou le brosser longuement. Vous y gagnerez tous les deux.

Il ne sert à rien de qualifier son cheval de problème et d'essayer de changer l'animal pour qu'il corresponde à ses propres attentes. Le constat est donc le suivant : lorsque la relation entre l'homme et le cheval ne se passe pas bien ou qu'elle est arrivée à un point où elle devient même dangereuse, il est temps de se remettre en question. L'introspection est alors de mise. Des questions telles que "Qu'ai-je fait de mal", "Que dois-je changer", "Quand le problème a-t-il commencé et avec quoi ?

Cette vérité, à savoir que les problèmes ne commencent pas avec le cheval mais avec l'homme, est souvent douloureuse et on veut volontiers la refouler. Mais c'est malheureusement vrai, seuls ceux qui sont prêts à travailler sur eux-mêmes peuvent obtenir une amélioration. Il ne faut jamais oublier que chaque cheval est capable de nous enseigner son langage. Il suffit de l'écouter et beaucoup de choses se mettent en place d'elles-mêmes. De plus, comme nous l'avons déjà dit, le cheval pense toujours que sa réaction est la bonne. Il ne peut pas non plus réfléchir consciemment à ce qu'il fait et ne peut donc pas réfléchir. C'est une autre raison pour laquelle l'homme doit prendre ce rôle. L'incapacité à prendre des décisions conscientes explique également pourquoi il n'est pas possible que le cheval essaie de se moquer de vous. Dans ces situations mal interprétées, il essaie simplement de suivre sa motivation à échapper à quelque chose de désagréable.

Il n'est jamais trop tard pour travailler sur la relation avec son cheval et l'améliorer. Même si de graves problèmes sont déjà apparus, il est généralement possible de redresser la barre. L'aide d'un professionnel peut alors être conseillée, car le fait d'admettre que l'on a fait des erreurs que l'on ne peut pas corriger seul donne un avantage décisif à ceux qui le nient avec véhémence et continuent comme avant. Il est important de se rappeler que les problèmes qui commencent modestement et s'aggravent ne sont manifestement pas traités correctement.

Par exemple, un cheval qui court autour de son propriétaire, lui saute dessus s'il est effrayé, etc. De telles situations peuvent rapidement devenir dangereuses et aller jusqu'à ce que le cheval blesse l'homme. Il peut y avoir plusieurs raisons à cela. Il se peut qu'un manque de compréhension ou une mauvaise communication envoient des signaux que le cheval interprète en conséquence, mais qui n'ont jamais été pensés ainsi par l'homme. Cela commence par de petits pas dont l'homme n'est même pas conscient. Par exemple, si le cheval se frotte la tête contre son cavalier après l'avoir monté et le renverse presque, cela est souvent interprété à tort comme un geste d'affection. Mais le cheval n'a tout simplement pas le respect nécessaire, car il ne se comporterait jamais de la sorte avec un animal de rang supérieur. L'homme n'est pas nécessairement considéré comme supérieur ou inférieur, mais le cheval déduit les conséquences de ses actes de leur obéissance, comme nous l'avons déjà vu.

Cela signifie que si vous laissez votre cheval ne pas accepter votre espace personnel et même vous utiliser comme griffoir, il vous manquera de plus en plus de respect dans de nombreux autres domaines. Par exemple, si vous le menez en licol, il sera également trop proche de vous et ne gardera pas la distance nécessaire. Il peut alors facilement vous marcher sur les pieds et vous sauter dessus lorsqu'il est effrayé. Ce problème d'irrespect peut dégénérer et, dans les cas extrêmes, l'animal peut vous attaquer si vous lui demandez quelque chose qu'il n'a pas envie de faire à ce moment-là.

La leçon que vous devez en tirer est la suivante : Si vous remarquez que quelque chose ne va pas avec votre cheval et que cela s'aggrave, ce qui se produit généralement par petites étapes, comme le décrivent les four phases de Pat Parelli, vous devez commencer à réfléchir sur vous-même. Il est évident que vous renforcez le problème, de sorte que le cheval peut se permettre de faire de plus en plus de choses. Vous avez donc besoin d'un autre mode de pensée, d'une nouvelle approche, qui peut à son tour étouffer dans l'œuf l'apparition de situations dangereuses. Ce que vous devez également retenir, c'est que les quatre piliers que sont la confiance, la cohérence, le respect et la patience sont certes complémentaires, mais qu'ils doivent être respectés par les deux parties. Certes, c'est en grande partie l'homme qui, en réfléchissant à sa façon de se comporter avec le cheval, obtient des résultats dans la relation, mais si le cheval n'est pas formé pour se comporter de la même façon avec l'homme, cela ne tardera pas à s'arrêter et une véritable amitié ne sera pas possible.

Nous n'avons pas besoin de tout apprendre au cheval. La plupart des choses, comme la cohérence et la patience, nous sont enseignées par le cheval lui-même, car sa volonté d'aborder les choses exige de nous de la patience et, dans certains cas, beaucoup de temps. De nombreux chevaux font preuve de cohérence, tant à cheval que dans la vie de tous les jours, en punissant immédiatement toute erreur de l'homme. Cette punition ne doit pas toujours se terminer par une agression ou être immédiatement visible pour nous. Le simple fait de dresser les oreilles peut indiquer que l'animal n'a pas apprécié ce que vous venez de faire. Par exemple, vous avez utilisé une brosse trop dure lors du brossage. Si vous en utilisez une plus douce, il redressera ses oreilles et vous montrera que vous avez fait ce qu'il fallait.

En matière de cohérence, nous pouvons même généralement apprendre du cheval, car peu de personnes sont aussi cohérentes que les chevaux. Le mieux est de prendre le temps d'observer le comportement des chevaux au sein du troupeau, par exemple lorsqu'ils sont au paddock. Cela vous permettra d'apprendre beaucoup de choses et vous verrez que les animaux sont toujours constants dans leur comportement. Comme nous le savons déjà, cette constance est essentielle à la survie du cheval, animal de fuite.

Cela peut se traduire par le fait que les animaux de rang inférieur sont repoussés par une morsure parce qu'ils se sont trop approchés du cheval de rang supérieur. Vous constaterez qu'après quelques répétitions ou dès la prochaine tentative d'approche, le cheval de rang inférieur s'écartera si l'autre ne fait que tendre l'oreille. Il ne s'approchera donc plus de la sorte, car il ne veut pas se faire mordre à nouveau, le principe étant le même que celui décrit ci-dessus pour l'herbe en promenade. Vous rendrez donc un grand service à votre cheval si vous parvenez à être constant de sorte qu'il puisse vous évaluer.

Mais ce que nous devons absolument apprendre aux chevaux, c'est le respect de l'homme. Vous n'êtes pas obligé de le faire, car selon l'âge de votre cheval lorsqu'il est arrivé chez vous, il l'a peut-être déjà appris par le passé. Dans ce cas, il suffit de travailler pour qu'il ne le perde pas et devienne insolent afin d'éviter les problèmes décrits ci-dessus. Dans tous les cas, la question du respect mutuel est très importante, car nous en revenons ici au fait que l'homme aime à tort intimider le cheval pour éviter le danger. Le travail au sol est un excellent moyen de développer et de maintenir le respect mutuel.

Il s'agit d'un moyen ludique d'apprendre au cheval à garder ses distances, à réagir au langage corporel de son adversaire et à utiliser les signaux correspondants. Vous pouvez ainsi améliorer votre langage corporel. Ce travail avec le cheval, s'il est effectué correctement, est généralement très amusant pour les deux parties. Dans le prochain chapitre, vous trouverez des exercices que vous pourrez essayer avec votre ami à quatre pattes.

Avant cela, nous ferons un détour par un sujet qui a déjà été évoqué à plusieurs reprises, mais qui n'a pas encore été traité en détail.

Vous aurez remarqué que nous avons abordé le thème du danger à différents endroits de ce livre. La raison en est que les chevaux représentent naturellement un danger potentiel important. Après tout, ces animaux pèsent au moins 500 kg et ont une force énorme. C'est ainsi, nous le savons, mais le point est que le cheval n'en est généralement pas conscient. Il devrait en être ainsi, c'est pourquoi nous souhaitons revenir sur le point de l'utilisation de la force vis-à-vis des chevaux. Aucun être humain n'aura jamais la force de tenir un cheval. Même un poney Shetland sera toujours capable de se détacher. Par conséquent, si vous utilisez la force avec un cheval, vous ferez tôt ou tard en sorte que le cheval utilise sa force contre vous et vous l'aiderez à savoir qu'il est plus fort que vous. Il se peut alors qu'il utilise cette connaissance pour se détacher à la main ou à la longe lorsqu'il n'en a pas envie, ou qu'il utilise délibérément son corps contre l'homme, ce qui nous ramène au danger.

Nous devons toujours garder à l'esprit que les situations dangereuses avec les chevaux ne se produisent naturellement que lorsque ceux-ci suivent leur instinct de fuite, parce qu'ils sont effrayés et donc craintifs. Le danger ne provient donc pas en soi de la force du cheval. Nous devons donc impérativement abandonner l'idée de vouloir dominer le cheval parce que nous avons peur de sa force. Au lieu de cela, nous devons commencer à faire confiance au cheval et à travailler avec lui de manière détachée. Pensez à un cheval qui vous laisserait monter de son plein gré s'il fallait vraiment recourir à la force, à moins qu'il ne soit déjà complètement brisé dans sa volonté.

Il ne s'agit donc pas d'éviter le danger en traitant le cheval de manière injuste, mais plutôt de voir le monde à travers les yeux de l'animal en fuite, de pouvoir ainsi évaluer à temps les sources de danger potentielles et de réagir en conséquence. Et si vous n'y parvenez pas et que le cheval s'effraie de quelque chose que vous n'avez pas remarqué, il faut garder son calme, le rassurer et continuer à avancer sans lui faire subir la frustration qu'il a pu ressentir. Nous devons simplement commencer à réfléchir à ce qui pourrait se passer afin de ne pas provoquer, par excès de confiance, des situations inutiles et dangereuses pour nous. Mais il faut absolument trouver un juste milieu qui, d'une part, nous évite d'être téméraires et, d'autre part, ne nous amène pas à développer une telle peur du cheval que nous imaginons toujours le pire et n'osons plus rien, car il pourrait toujours se passer quelque chose. Oui, un animal de fuite peut théoriquement s'effrayer partout et, dans le pire des cas, passer à travers nous, c'est-à-dire se mettre à courir sans se laisser freiner, car la seule chose qui compte pour lui est de partir. Mais si nous commençons à monter sur le cheval avec cette peur, nous la transmettons à l'animal, ce qui le rend encore plus incertain et lui fait voir des fantômes à chaque coin de rue.

Si vous êtes plutôt un cavalier anxieux qu'un cavalier téméraire, vous arriverez à un moment où vous devrez faire un choix. Vous avez le choix entre être de plus en plus anxieux et donc de moins en moins capable de faire quelque chose, car le cheval vous fera de plus en plus peur, ou lui faire confiance. Si vous voulez prendre du plaisir à travailler avec ces animaux impressionnants, vous devez également vous lancer dans une aventure que vous ne pouvez pas calculer. En fin de compte, personne ne sait comment les chevaux pensent vraiment, c'est pourquoi une partie d'entre eux restera toujours imprévisible pour nous, mais nous savons néanmoins que les chevaux réagissent aux émotions et qu'ils sont prêts, s'ils ont suffisamment confiance en l'homme, à tout donner pour lui, en dépassant assez souvent leurs limites.

Donc, si nous décidons de faire confiance au cheval, cela signifie que nous devons lâcher prise et abandonner une partie de ce que nous pensons être le contrôle. Présumé parce qu'un cheval tenu par des rênes très courtes ne peut jamais courir de manière détendue. Il sera donc toujours tendu, surtout s'il est déjà en position de garde. Mais si nous relâchons les rênes et que nous lui permettons de baisser la tête et de s'étirer correctement, il sera beaucoup plus calme. Il en va de même pour les situations décrites précédemment, dans lesquelles le cheval aimerait examiner un objet de plus près. Si vous le laissez faire et que vous lui donnez la longue rêne ou la corde, selon que vous êtes en train de monter ou de vous promener, il sera beaucoup moins susceptible de s'effrayer que si vous le lui refusiez. Lâcher prise et faire confiance au cheval, c'est faciliter la relation, car la relation entre l'homme et le cheval n'est pas basée sur la domination de l'un par l'autre, mais sur l'échange d'énergie, de sorte que l'on puisse communiquer par le biais d'un sentiment indirect. Vous découvrirez comment pratiquer cela dans le chapitre suivant.

Pour rester sur le thème de la confiance, je vous invite à être tout à fait honnête avec vous-même et à vous demander combien de fois vous avez écouté l'intuition de votre cheval et lui avez fait confiance. Dans la plupart des cas, cela se passe comme si nous imposions notre volonté au cheval.

Cela peut être le cas, par exemple, lorsque nous sommes en promenade, que le cheval a découvert quelque chose qu'il ne veut pas dépasser et que nous le forçons à le dépasser en exerçant une forte pression avec la jambe ou en utilisant la cravache de manière incorrecte, etc. La bonne chose à faire à ce stade est de prendre la peur du cheval au sérieux. Comme nous le savons déjà, il est tout à fait possible qu'il sente, entende ou voie quelque chose que nous ne pouvons pas percevoir. Nous lui faisons donc confiance pour qu'il ait une raison de s'arrêter. Nous laissons les rênes longues et donnons le signal avec la cuisse que nous voulons avancer. S'il continue à s'arrêter, nous pouvons montrer encore plus clairement que nous souhaitons continuer. Si le cheval a confiance en l'évaluation de son cavalier, il avancera, même si c'est avec hésitation. Il est alors important de le féliciter. Chaque petit pas est récompensé. Pour lui donner également plus d'assurance, ce qui doit le conforter dans sa décision de faire confiance à son cavalier, il peut être utile de le rassurer.

Si le cheval n'est pas assez confiant, s'il recule alors qu'il n'y a pas de tension sur les rênes, ou même s'il veut tourner les talons, ce n'est pas grave. Tout dépend alors de la réaction de l'homme, qui ne doit jamais essayer de le pousser de force dans la direction qu'il souhaite prendre. Dans ce cas, il est toujours conseillé de mettre pied à terre, de calmer le cheval, de le guider un peu jusqu'à ce qu'il se détende et de ne remonter qu'ensuite. Ni l'homme ni le cheval ne sont aidés s'ils subissent l'impatience et la colère de leur cavalier, qui peuvent dans le pire des cas dégénérer en violence. Il ne ferait que renforcer sa peur et ne pourrait en aucun cas mémoriser que l'objet ou la raison pour laquelle il s'est arrêté n'est pas dangereux, et se comporterait de la même manière lors de la prochaine rencontre, voire tenterait directement de s'enfuir, car l'action négative de l'homme aurait renforcé les sentiments négatifs du cheval.

Nous devons toujours garder à l'esprit que, dans la plupart des cas, les chevaux acquièrent lentement la confiance et que celle-ci est surtout renforcée par des expériences qui sont de nature positive. Les mesures de confiance sont par exemple des promenades caractérisées par des objets et des bruits inconnus. Si le cheval constate à plusieurs reprises qu'il ne lui arrive rien et que l'homme le protège, il se sentira peu à peu plus en sécurité avec lui. Pour cela, il peut également être utile de le laisser inspecter les objets en s'en approchant, comme le ferait le cheval s'il était seul. Pour ce faire, vous devez d'abord vous arrêter et laisser le cheval regarder. S'il a peur, il va probablement courber l'encolure, pointer ses oreilles vers l'objet, écarquiller les yeux et éventuellement émettre des bruits d'apnée qui traduisent son incertitude. Si l'on s'arrête, le cheval se rend compte que l'homme a lui aussi reconnu le danger potentiel, ce qui renforce en même temps la relation, car comment pourrait-il se joindre à la direction si le meneur ne reconnaît pas les dangers potentiels ?

Après avoir laissé le cheval regarder pendant quelques secondes, faites quelques pas vers l'objet avant de vous arrêter à nouveau. Là encore, attendez quelques secondes avant de vous approcher encore plus près. Répétez l'opération jusqu'à ce que l'objet soit atteint et que le cheval puisse le renifler tranquillement. Il est préférable de laisser le cheval regarder l'objet avec l'autre œil afin d'assurer une connexion entre les deux hémisphères du cerveau. Lors de cet exercice, il est très important de faire preuve de patience envers le cheval, car il se peut qu'il soit tellement effrayé qu'une tentative d'approche ne soit même pas possible ou ne puisse pas être menée jusqu'au bout, car il préfère s'enfuir. Ce n'est pas grave. L'important est alors de garder son calme, de ne pas laisser le cheval s'enfuir sans réfléchir et de simplement reprendre l'exercice plus tard.

La répétition est ici la clé, car c'est la seule façon pour le cheval d'apprendre. S'il constate à plusieurs reprises que rien ne lui arrive lorsque l'homme le fait passer devant le banc en bois effrayant, il sera éventuellement prêt à s'arrêter à une distance sûre. Une fois cette étape franchie, vous pouvez toujours essayer de vous rapprocher du banc. Vous finirez par y arriver. Et il est possible qu'un jour, le cheval ne craigne plus du tout les bancs en bois, car il aura appris qu'il n'a rien à craindre en compagnie de son maître. Que le cheval parvienne à atteindre le banc de bois en une journée ou qu'il faille des semaines ou des mois d'entraînement, tout dépend de la personnalité du cheval et du calme et de la patience de son cavalier.

CONSEILS POUR L'ENTRAÎNEMENT AU QUOTIDIEN

Afin de rendre ce guide pratique et de vous permettre d'en tirer le meilleur parti, voici quelques conseils qui vous permettront d'améliorer votre quotidien avec votre cheval.

Il existe de nombreuses approches différentes pour renforcer la relation avec le cheval. Nous avons déjà mentionné le travail au sol. Il s'agit de la méthode de choix qui peut être utilisée avec n'importe quel cheval. Nous vous proposons donc quelques exercices que vous pouvez essayer avec votre propre cheval.

Le travail au sol est très important pour le travail avec les chevaux, car ce qui ne fonctionne pas au sol ne fonctionnera jamais à cheval. Il est important de ne jamais trop solliciter votre cheval afin de ne pas attiser ses craintes. N'exigez donc jamais trop de lui, car il doit toujours être attentif et à l'écoute pendant le travail au sol, ce qui demande beaucoup d'efforts mentaux. Félicitez-le beaucoup avec des friandises, votre voix, des gratouilles ou des caresses. Votre cheval vous montrera à quel type de récompense il est le plus sensible.

Premier exercice : <u>virage en coup droit</u>
Que ce soit pour le pansage ou la conduite : Nous devons être en mesure de faire bouger le cheval. Cela semble souvent plus simple que cela ne l'est, car le cheval doit d'abord recevoir le signal de la partie du corps qu'il doit bouger.

L'objectif est que les antérieurs du cheval restent immobiles tandis qu'il les contourne avec ses postérieurs.

Il est préférable d'effectuer cet exercice en salle ou sur le terrain en plaçant le cheval sur la piste de sabots de manière à ce qu'il ait la limite du mur ou d'une barrière d'un côté.

Tenez-le par le licol et dirigez sa tête vers l'extérieur. Tapotez la croupe et félicitez immédiatement toute impulsion de mouvement des postérieurs. Si vous parvenez à ce qu'il déplace ses postérieurs vers le centre de la piste, vous êtes sur la bonne voie. L'important est que les mouvements soient contrôlés.

Si l'exercice fonctionne sur le pas de tir, vous pouvez monter d'un cran et essayer de l'exécuter au milieu du manège. Vous devez alors faire attention à ce que votre cheval ne s'enfuie pas par-dessus son épaule.

Si cet exercice fonctionne bien, vous pouvez l'utiliser dans de nombreuses situations quotidiennes, par exemple sur le lieu de pansage, lorsque vous souhaitez déplacer votre cheval de quelques pas sur le côté.

Deuxième exercice : <u>Retournement de l'arrière-main</u> (vous avez besoin d'une cravache)
Cet exercice est exactement le même que le précédent, à la différence que les postérieurs restent en place et que le cheval les contourne avec son avant-main.

Pratiquez également cette leçon sur la piste avec des limites latérales.

Placez-vous de nouveau face à l'animal, tenez-le par le licol et éloignez sa tête de vous vers l'intérieur. Tapotez légèrement son épaule extérieure avec la cravache. Celle-ci ne vous sert que de prolongement de votre bras.

Chaque transfert de poids du cheval sur l'épaule intérieure doit être immédiatement récompensé. Avec beaucoup de patience, vous parviendrez ainsi à ce qu'il finisse par faire un demi-cercle avec son avant-main autour de son arrière-main. Ici aussi, les mouvements doivent être lents et corrects, car le cheval doit apprendre à poser ses sabots de manière consciente.

Troisième exercice : <u>Reculer </u>(vous avez besoin d'une cravache)
Placez-vous à nouveau devant votre cheval. Il est préférable d'effectuer l'exercice à nouveau sur la piste de sabot afin de vous assurer que votre cheval puisse reculer le plus droit possible.

Tapez sur sa poitrine avec la cravache et déplacez le poids de votre corps dans sa direction. Tout en vous rapprochant de lui, vous devez donner des impulsions au licol pour l'inciter à aller vers l'arrière.

Félicitez à nouveau chaque déplacement de poids dans cette direction, même s'il ne fait pas encore de pas.
À un moment donné, la marche arrière sera fluide.

Quatrième exercice : <u>Lever la jambe </u>(vous avez besoin d'une cravache)

Cette fois-ci, ne vous placez pas devant votre cheval, mais sur le côté, et touchez très légèrement son rotule par derrière avec la cravache. Essayez de le chatouiller pour qu'il lève la jambe, comme pour repousser une mouche.

Si cela ne fonctionne pas, vous pouvez aider avec la main en effectuant le même mouvement que pour donner des coups de sabot.

Dès qu'il réagit au signal de la cravache, vous pouvez lui apprendre à garder la jambe en l'air tant qu'elle est touchée par la cravache. La cravache doit donc cesser de chatouiller la jambe lorsqu'elle est levée et être placée calmement contre celle-ci.

Ici aussi, chaque petit pas doit être félicité et l'intensité de l'exercice doit être augmentée par petites touches. Vous pouvez essayer sur les quatre jambes.

Les exercices de la section suivante montrent l'utilisation de jeux.

Premier exercice : <u>Jeux de balle partie 1</u> (vous avez besoin d'un ballon de gymnastique)

L'objectif est que le cheval prenne contact avec la balle. Il est préférable d'effectuer cet exercice sur le terrain ou en salle, où vous pouvez laisser votre cheval courir librement.

Pour cela, il suffit de laisser la balle un moment jusqu'à ce qu'il s'en approche de lui-même. S'il ne le fait pas, vous pouvez vous approcher de la balle et l'attirer vers vous. Tout mouvement vers la balle doit être félicité, ne serait-ce que par votre voix. Même si le cheval regarde en direction de la balle, vous devez le féliciter.

Une fois qu'il est prêt à le toucher, vous devez renforcer tout ce qu'il fait avec lui. Il peut s'agir de le pousser avec le nez, de le déplacer avec la jambe ou de le faire passer dans la trajectoire. Une fois qu'il a perdu sa peur de l'objet inconnu, vous pouvez commencer à le faire rouler dans sa direction. Si votre cheval s'y prête, vous pouvez considérer ce jeu comme un entraînement anti-peur. Vous pourrez alors peut-être même le lancer par-dessus lui sans qu'il ne s'enfuie.

Les chevaux peuvent aussi apprendre à rapporter des objets. L'exercice suivant nous montre comment faire.

Deuxième exercice : <u>rapporter</u> (vous avez besoin d'un objet de votre choix et d'un panier)

Apprenez au cheval à déposer un objet spécifique dans le panier en lui montrant d'abord qu'il doit le ramasser avec sa bouche. Placez-le donc devant le cheval et récompensez à nouveau chaque mouvement et geste qu'il fait dans sa direction. Vous voulez qu'il morde dedans pour pouvoir le ramasser. Vous pouvez également modifier l'exercice en apprenant au cheval à ramasser et à vous donner des cravaches, etc.

Si vous voulez terminer l'exercice avec le panier, tendez-le au cheval dès qu'il a l'objet dans la bouche. Vous devez être rapide pour que l'objet tombe dans le panier dès que le cheval le lâche. Félicitez-le de nouveau plus souvent. Une fois qu'il a compris que l'objet doit être placé dans le panier, vous pouvez passer à l'étape suivante et placer le panier à quelques pas de là, de sorte qu'il doive y transporter l'objet.

Troisième exercice : <u>Danse</u> (vous avez besoin d'une cravache)

L'objectif de cet exercice est de croiser ensemble vos jambes avant et celles du cheval. En plus de l'exécution ludique, vous obtenez la légèreté dans l'épaule de votre cheval. Utilisez-le également lorsque vous souhaitez le distraire afin d'attirer son attention sur des dangers potentiels.

Tout en vous tenant de face devant le cheval, donnez l'aide de la cravache en tapant sur l'épaule extérieure. Chaque impulsion de lever la jambe doit être récompensée. Au final, le cheval doit se tenir devant vous, les jambes croisées.

Une fois qu'il l'a fait, croisez vos jambes. Remettez votre jambe dans sa position initiale et demandez à votre cheval de faire de même.

Entraînez-vous de la même manière avec l'autre antérieur, de sorte que le cheval soit éventuellement capable de croiser les deux antérieurs en alternance.

Si cela fonctionne bien, augmentez le niveau de difficulté en vous plaçant à côté du cheval et en regardant dans la même direction que lui. Bientôt, vous pourrez danser côte à côte.

Vous pouvez également pratiquer le travail au sol à titre de gymnastique pour le maintenir en bonne santé.

Pour ces exercices, vous avez besoin d'un caveçon qui permet de positionner la tête du cheval avec précision.

Premier exercice : <u>Diriger en position assise</u>
Commencez par guider le cheval sans le mettre en position. Placez-vous à la hauteur de sa tête et amenez vos hanches à la hauteur de son nez. Vous devez alors toucher la partie nasale du caveçon avec votre main. Si vous pouvez ainsi faire quelques pas en vous détendant, attirez doucement le cheval vers l'intérieur. Vous voulez qu'il lâche prise au niveau de la nuque sans venir vers vous à l'intérieur ou sans se contracter dans l'encolure. Vous devez à nouveau renforcer chaque impulsion vers le résultat souhaité. Il est préférable d'effectuer l'exercice des deux côtés, de sorte que le cheval puisse être placé aussi bien à gauche qu'à droite. Vous pouvez utiliser cet exercice sur différentes figures de piste, en augmentant progressivement l'intensité et la durée à chaque fois.

Deuxième exercice : <u>Entraînement à l'épaule</u>

Entraînez-vous à nouveau en salle ou sur le terrain, sur la piste. Faites faire une volte à votre cheval. Lorsque la volte est terminée, indiquez que vous allez la refaire. Cependant, si le cheval quitte la piste avec l'avant-main, changez de direction et marchez le long du côté long. Vous devez vous tourner vers le cheval et positionner sa tête de manière à ce qu'il regarde votre poitrine. Après quelques pas, vous emmenez à nouveau le cheval sur une volte et terminez ainsi l'exercice. Vous pouvez le faire au pas ou au trot.

Enfin, vous devez recevoir un exercice de travail libre. Comme son nom l'indique, il n'y a pas du tout d'outils. La communication se fait donc par sensation indirecte. Le travail en liberté vous permet de vérifier si vous êtes déjà en mesure de communiquer avec votre cheval. Il se peut donc que le travail en liberté ne fonctionne pas encore entre vous et votre cheval. Ne soyez pas frustré, mais prenez votre mal en patience. Continuez simplement à travailler au sol et essayez d'affiner vos aides et votre langage corporel, et vous aurez certainement un jour le plaisir de voir votre cheval commencer à vous suivre comme s'il s'agissait d'une corde invisible.

Activité : <u>Diriger</u>

Essayez de voir si le cheval est prêt à vous suivre si vous n'utilisez pas de licol. S'il vous suit, vous pouvez tester s'il s'arrête également lorsque vous vous arrêtez. Il est préférable de s'entraîner dans un endroit où il y a peu de distractions. La salle ou le terrain sont parfaits pour commencer. Vous pouvez également augmenter le niveau d'exigence de cet exercice en demandant au cheval de trotter ou même de galoper à vos côtés.